AF399776

LE KRACH BOURSIER DE 1987

Un séisme dans le monde de la finance

Par Patrice Moine

50MINUTES.fr

LE KRACH BOURSIER DE 1987

UN SÉISME DANS LE MONDE DE LA FINANCE

- **Quand ?** 19 octobre 1987
- **Où ?** Bourse de New York, États-Unis
- **Contexte ?** Sur fond de bulle spéculative, l'annonce d'un déficit commercial américain inattendu inquiète sérieusement les investisseurs et entraîne une pression à la baisse sur le prix des actions.
- **Protagonistes ?**
  - Ronald Reagan (1911-2004), 40ᵉ président des États-Unis de 1981 à 1989. Dès sa prise de fonction en janvier 1981, il décide d'un programme de réductions d'impôts afin de favoriser la croissance économique. Les bourses mondiales vont alors connaître sous

son mandat une hausse continue.

- ° Paul Volcker (né en 1927), économiste américain et président de la Réserve fédérale des États-Unis de 1979 à 1987. Il contre l'inflation en augmentant les taux de change de la FED.
- ° Alan Greenspan (né en 1926), économiste américain et président de la Réserve fédérale des États-Unis de 1987 à 2006. Il soutient les banques au plus fort de la crise de 1987 en leur fournissant des liquidités.

- **Mots-clés ?**
  - ° <u>Dow Jones</u> : créé en 1884, le Dow Jones est le plus vieil indice boursier du monde. Il est une véritable référence à la Bourse de New York, bien qu'il ne compte que 30 sociétés.
  - ° *Trading* : activité de négoce sur les marchés financiers, opérée par des *traders*, des opérateurs financiers.
  - ° <u>Spéculation</u> : opération financière risquée qui consiste à anticiper les fluctuations du marché en achetant

un bien dans le but de le revendre ultérieurement avec un bénéfice.
- ◦ <u>Lundi noir ou *Black Monday*</u> : jour où l'indice Dow Jones de la Bourse de New York perd 22,6 %, baisse la plus importante jamais enregistrée par le marché d'actions de New-York.

Nous avons tous en mémoire un événement qui s'est inscrit comme référence dans l'Histoire et la pensée collective : la dure crise financière de 1929 – avec le fameux Jeudi noir du 24 octobre –, qui frappe la Bourse de New York et plonge le pays dans la Grande Dépression avant de se propager au monde entier.

Quasi 58 ans jour pour jour après cette première crise, le monde de la finance est touché par un second krach boursier. Alors que le monde connaît une certaine prospérité économique, le lundi 19 octobre 1987, un vent de panique souffle sur la Bourse de New York : les ordinateurs peinent à suivre de trop nombreuses transactions, les cours s'effondrent et le Dow Jones perd 22,6 % de sa valeur en une seule journée.

Cette chute de la première bourse mondiale affole par contagion celles du monde entier. Très rapidement, les principales places de cotation sont bousculées, allant jusqu'à enregistrer en moyenne une perte de 25 % dans la seule journée du 19 octobre :

- la Bourse de Hong-Kong est fermée pour une semaine, pour comptabiliser une chute de 45 % à la fin du mois d'octobre ;
- la Bourse de Londres perd 26 % ;
- celle de Sydney perd 25 % ;
- celle de Toronto perd 22 % ;
- celle de Tokyo perd 15 % ;
- Paris ne perdra « que » 9 %, mais la baisse se poursuivra les jours suivants.

Ce qui a surpris tous les acteurs du secteur financier est le caractère inattendu de ce krach : depuis 1982, le marché américain était en croissance soutenue et connaissait une période faste permettant de le qualifier de *bull market* (marché où les valeurs sont en hausse). L'euphorie et la confiance régnaient, tandis que l'exaltation qui se répandait permettait de tout envisager. Ce qui causera la perte du secteur est l'éloignement progressif des marchés financiers de l'économie réelle, en favorisant toujours plus des mécanismes spéculatifs.

Au final, la chute des cours sera globalement deux fois plus importante en pourcentage que celle de la crise de 1929. Pourtant, ses conséquences se révéleront beaucoup moins tragiques pour l'économie mondiale réelle.

LES GRANDES CRISES FINANCIÈRES DE L'HISTOIRE

- Le 24 octobre 1929, connu comme le Jeudi noir, a lieu le célèbre krach de 1929. Le lundi suivant, l'indice Dow Jones perd 13 % de sa valeur, dans une chute qui continuera de s'accentuer inexorablement les jours suivants.
- Le 19 octobre 1987 deviendra le Lundi noir, jour où le Dow Jones perd plus de 22 % – un « record » qui dépasse celui de la crise de 1929 –, entraînant dans sa chute les autres bourses mondiales.
- En mars 2000, l'éclatement de la bulle spéculative des valeurs techno-

logiques fait reculer l'indice Nasdaq, l'indice boursier américain destiné aux sociétés à fort potentiel de croissance, notamment dans le secteur des technologies de pointe, de 27 % en deux semaines.

- En 2008, la crise dite des *subprimes*, liée aux défauts de paiement des prêts hypothécaires à risque aux États-Unis, entraîne l'effondrement des marchés internationaux de plus de 30 %.

CONTEXTE

LE RENOUVEAU DES MARCHÉS BOURSIERS

Les salles de marchés

Apparues aux États-Unis à la fin des années 1970, les salles de marchés s'installent en Europe à partir de 1982, avec la salle parisienne de la banque Indosuez. Elles consistent en un grand *open space* rassemblant les équipes qui opèrent sur le *trading* et sur l'investissement financier. Les opérateurs des différents marchés sont regroupés, mais côtoient également des ingénieurs financiers et des informaticiens.

Par exemple, la salle de marchés d'UBS, société suisse de services financiers, compte 1 400 postes de travail et 5 000 écrans répartis sur 10 000 m².

Le développement des salles de marchés va de pair avec celui de la micro-informatique et des stations de travail (super-ordinateurs utilisant des logiciels multifenêtres). Ces outils permettent d'augmenter considérablement la rapidité et le volume de traitement des données. Ils changeront la donne de manière assez drastique.

Le *computer trading*

La période précédant le krach voit émerger des progrès technologiques de l'informatique permettant le *computer trading*, c'est-à-dire les échanges réalisés automatiquement par ordinateur. Ces nouveaux outils, aux effets peu régulés, ont sans doute contribués à la crise en gestation, sans pour autant qu'ils en soient la cause unique.

Deux changements majeurs ont révolutionné le fonctionnement technique des places financières :

- leur informatisation avec l'utilisation des ordinateurs ;
- et la dématérialisation des ordres de *trading*, qui permettent de passer des ordres en temps réel.

Les prises de décision concernant les achats et les ventes des valeurs mobilières sont dès lors devenues automatiques et immédiates. C'est donc l'ordinateur lui-même qui, selon des modèles préétablis et programmés des comportements à adopter, va prendre les décisions d'achats et de ventes des titres et passer les ordres de bourse de manière instantanée.

Les ordinateurs peuvent décider et exécuter les ordres en temps réel, traiter des volumes inaccessibles à la main humaine, faire abstraction de tous sentiments ou hésitations. À l'inverse, pour ces automates, l'intuition et l'expérience ont disparu : deux atouts pourtant essentiels dans les investissements boursiers.

La Bourse de Paris

Jusqu'en 1987, la Bourse de Paris se tient au palais Brongniart, et les transactions s'y effectuent encore à la criée. Cette année-là marque finalement la fin d'une époque, celle qui voit la disparition des cotations des actions des grandes entreprises « à la corbeille », la célèbre balustrade couverte de velours rouge où s'accoudaient les agents de change disposant du monopole légal des négociations.

Dorénavant, la Bourse s'informatise et le système du CAC (Cotation Assistée en Continu) est mis en place. Un an plus tard, le monopole légal des agents de change prend également fin, entraînant leur disparition et leur remplacement par la Société des bourses françaises (SBF).

Jusqu'en novembre 1984, les titres et leur possession sont matérialisés par un document qui représente une part du capital des sociétés cotées, papier muni de petits rectangles symbolisant des coupons autorisant le paiement (éventuel) des dividendes. Ces documents sont réputés « au porteur », donc appartenant à la personne qui les détient.

À partir de cette date, ce sont des inscriptions en compte qui remplacent le système des « actions-papier ». Euroclear France SA gère la totalité des titres en circulation et contribue à la fluidité du marché. La bourse est devenue une société en ligne qui ouvre la porte à la négociation d'importants volumes.

UNE VOLONTÉ DE STABILISATION DES TAUX DE CHANGE

Depuis les années 1982, notamment en raison de ces progrès technologiques, les principales bourses mondiales connaissent une remarquable phase d'embellie, voire d'euphorie. Faits remarquables, durant cette période, la Bourse de Paris s'est améliorée de 330 %, celle de Londres de 250 %, tandis que celle de New York a connu un bond de 190 %.

Pourtant, dans la même période, tout n'est pas rose. Aux États-Unis, Paul Volcker, président de la Réserve fédérale des États-Unis (FED) – l'institution qui administre la monnaie américaine – depuis 1979, nommé par Jimmy Carter (né en 1924) puis confirmé par Ronald Reagan, décide en juin 1981 de rehausser les taux d'intérêt de la banque centrale pour combattre une inflation qui devient inquiétante.

Conséquence : le cours du dollar monte, et ce durant plusieurs années, à l'appui de l'opinion politique des dirigeants américains selon laquelle un dollar fort illustre la confiance du reste de monde pour l'économie américaine, ainsi que de la croyance en les bienfaits de la libre fixation des taux de change. Mais s'il régule l'inflation, ce dollar fort provoque aussi un ralentissement de la croissance économique. Les investissements, devenus peu rentables dans une économie réelle en stagnation, se dirigent donc vers un secteur financier de plus en plus spéculatif, contribuant à une envolée des cours de la bourse qui ne correspond pas à la réalité de l'économie.

Les accords du Plaza

En septembre 1985, les accords du Plaza, qui réunissent les États-Unis, le Japon, la République fédérale d'Allemagne, la France et la Grande Bretagne, sont signés au Plaza Hotel de New York : le G5 est formé. Ces accords visent à stabiliser les valeurs relatives des devises sur le marché des changes en régulant les marchés par l'intermédiaire des banques centrales.

En effet, le dollar a augmenté de 44 % depuis 1980. Les conséquences directes de cette situation sont la dégradation de la balance commerciale des États-Unis, en même temps qu'une attractivité réduite des produits américains sur les marchés mondiaux. Le déficit commercial des États-Unis passe de 112 milliards de dollars en 1984 à 122 milliards de dollars en un an à peine. Les conditions d'une instabilité des marchés financiers se sont ainsi peu à peu installées.

Les accords du Plaza actent donc un principe d'intervention sur le marché pour déprécier le cours du dollar par rapport aux deux devises fortes de l'époque : le mark allemand et le yen. Ces décisions portent leurs fruits, notamment grâce au maintien des devises dans certaines fourchettes de taux de change : les cours du dollar qui avaient flambés se rééquilibrent en à peine deux ans. Le dollar s'est déprécié de 40 % durant cette période : il passe de 9 à 5 francs français et de 260 à 150 yens.

Les accords du Louvre

Or, en février 1987, réunis pour les accords du Louvre, les autorités souhaitent stabiliser la situation des changes et enrayer la baisse continue du dollar que les accords du Plaza ont entraînée. Se réunissent alors les États-Unis, le Japon, l'Allemagne, la France, le Royaume Uni et le Canada (c'est-à-dire les pays du G7, moins l'Italie qui n'a pas voulu signer l'accord final). Les intervenants s'engagent à des politiques monétaires plus vertueuses :

- les États-Unis doivent réduire leurs dépenses et maîtriser leur déficit commercial ;
- le Japon doit modérer son excédent budgétaire ;
- la Grande Bretagne doit modérer sa dépense publique ;
- la France doit également juguler son déficit public.

Les objectifs de cours sont désormais exprimés sous forme de fourchettes, système de zones cibles dans lesquelles on veut que les monnaies s'inscrivent, ce qui créera en effet les conditions d'une relative stabilité des cours de change.

Malgré la définition secrète – afin de déjouer la spéculation –, au Louvre, de modalités d'intervention comme celles particulièrement précises entre le dollar et le yen, les participants seront rapidement acculés par de nouveaux événements externes.

L'échec de la tentative

L'Allemagne, en pleine réunification, redoute avant tout l'inflation. Aussi décide-t-elle de hausser ses taux pour lutter contre cette inflation. De son côté, le dollar ne parvient pas à rester dans les limites qui lui ont été imposées et continue à se déprécier par rapport aux monnaies européennes. Sous cette pression, les principaux protagonistes se détournent bientôt de leurs objectifs, et l'accord du Louvre est rompu à peine huit mois après sa signature. Cet échec ouvre la porte aux graves désordres qui mèneront au krach d'octobre 1987.

De son côté, le Japon entre également dans une période de turbulences. Jusque-là doté d'une économie fortement exportatrice, la baisse durable du dollar que nous venons d'évoquer affecte son épargne libellée dans cette devise. Elle fait, par contrecoup, flamber le cours des placements en actions et de l'immobilier. C'est le début d'une bulle spéculative japonaise. À son explosion dix ans plus tard, le pays entre dans une décennie de stagnation économique.

LA BULLE SPÉCULATIVE

Une bulle spéculative est un « pic » dans la valeur des titres d'un secteur économique particulier sur lequel les opérateurs du marché entreprennent des anticipations par trop optimistes. Les volumes des transactions flambent, le nombre des acheteurs excède rapidement celui des vendeurs et les prix dépassent exagérément la valeur intrinsèque réelle du secteur.

UN CONTEXTE GÉOPOLITIQUE INQUIÉTANT

Enfin, sur le plan géopolitique, la guerre Iran-Irak éclate en septembre 1980. L'Irak, dirigé par Saddam Hussein (président irakien, 1937-2006), craint l'arrivée au pouvoir en Iran de l'ayatollah Khomeyni (1902-1989) et cherche à remplacer ce pays en tant que puissance dominante de la région. Aussi agresse-t-il l'Iran dans une attaque de grande ampleur qui se veut fulgurante. La guerre ne se terminera en réalité, après des conflits dévastateurs, que huit ans plus tard.

Saddam Hussein ayant présenté d'emblée le conflit comme la défense du monde arabe face à la révolution iranienne de Khomeyni, les États-Unis, la Grande-Bretagne, l'Italie et la France soutiennent la logistique irakienne, d'autant que l'Iran et l'Irak se lancent dans une « guerre des tankers » menaçant le transport pétrolier dans le golfe persique, vital pour les pays occidentaux.

Ces événements rendent les marchés financiers très nerveux : la menace d'une riposte de l'Iran suite à la destruction de plateformes pétrolières iraniennes en 1987 et 1988 par la marine américaine plane sur New York.

DÉROULEMENT DE LA CRISE

Après les accords du Plaza dont on peut souligner la réussite, puis ceux du Louvre aux résultats décevants, l'économie américaine, profitant du repli de près de 50 % du dollar, connaît une impressionnante phase de développement.

Cette embellie entraîne dans son mouvement une progression de l'inflation à un point tel qu'on craint une intervention de la Banque centrale pour corriger les taux d'intérêt. En effet, ceux-ci progressent à vive allure sur le marché obligataire depuis le début de l'année 1987. Le résultat est que bientôt, les obligations de l'État américain deviendront plus avantageuses pour les opérateurs que le marché des actions, menaçant ce dernier d'effondrement.

ACTION OU OBLIGATION ?

Une action est un titre de propriété représentant une fraction du capital social d'une société. Lorsque cette société est introduite en bourse, ses actions sont alors cotées sur les marchés financiers. En fonction des résultats annuels de la société, son assemblée générale peut voter l'attribution d'un dividende.

Une obligation n'est pas un titre de propriété, mais un titre de créance, c'est-à-dire une part de la dette d'une société qu'elle s'oblige à rembourser, comme ce pourrait être le cas auprès d'une banque. La valeur de l'obligation varie au cours du temps, offrant espoir de plus-values, mais aussi risque de dépréciation.

L'Allemagne, de son côté, décide de façon unilatérale une réévaluation de ses taux. C'est un coup de tonnerre pour les autorités américaines qui vont devoir laisser le dollar se dévaluer par rapport au mark.

S'ensuit un enchaînement d'événements, en octobre 1987 à Wall Street, qui va conduire au krach.

LE FONCTIONNEMENT DE LA BOURSE

La bourse des valeurs permet de déterminer, de façon autonome, un prix pour les actions des sociétés qui y sont cotées. Ce prix est variable au fil du temps, car il résulte d'une confrontation entre l'offre (les propositions des vendeurs) et la demande (celles des acheteurs).

Les investisseurs, ceux qui souhaitent acquérir des parts d'une société cotée, prennent leur décision en fonction de l'analyse technique de la société et du cours déterminé par la cotation en Bourse. Tout événement affectant la vie des sociétés, comme des annonces politiques, des nouvelles économiques, des risques de conflits, aura des incidences sur l'appréciation des investisseurs et est susceptible de faire varier les cours des valeurs cotées à la bourse, à la hausse comme à la baisse.

Le mercredi 14 octobre 1987, en même temps que paraît l'annonce d'un déficit du commerce extérieur des États-Unis plus important que prévu pour le mois d'août et qui inquiète sérieusement les investisseurs (car cela signifie que les États Unis vivent bien au-dessus de leurs moyens), le marché financier américain commence à baisser, tendance qui se confirmera durant le reste de la semaine. Le dollar baisse, les taux d'intérêt augmentent, la pression à la baisse sur le prix des actions s'intensifie, déclenchée par une activité inhabituelle des assureurs de portefeuille.

Le jeudi 15 octobre 1987, les marchés continuent de décliner. On attribue cette baisse à l'inquiétude des fonds de pension et des investisseurs privés qui préfèrent se réfugier dans le marché obligataire. Un mouvement de vente important s'intensifie dans la dernière demi-heure de la journée.

Le vendredi 16 octobre 1987, le marché n'en finit pas de s'effondrer, et l'angoisse des opérateurs se diffuse. Les intervenants se dirigent alors vers le marché « à terme », c'est-à-dire le marché où l'on négocie des actifs qui ne seront payés et livrés qu'à une échéance future, déjà fixée. Ils y vendent des contrats pour se prémunir de la dépréciation des stocks. Ce faisant, un écart se creuse entre les valeurs du marché à terme et celle de leurs valeurs de référence : la valeur des actions est tirée vers le bas. Les opérateurs profitent de cette divergence pour vendre leurs actions et acheter des titres à terme.

La pression à la baisse s'accentue sur le marché américain et à la fin du vendredi, l'effondrement est déjà l'un des plus importants depuis des décennies. L'indice Dow Jones perd 108 points, soit 4 % de sa valeur, dans la journée : un niveau de baisse qui n'était jamais intervenu.

Un élément supplémentaire aggrave la situation de façon inattendue : les systèmes informatiques, qui n'ont encore jamais été confrontés à un tel événement, vendent automatiquement et sans discontinuer les positions surveillées, et forment même des blocages pour l'exécution des ordres. Cela a pour effet d'accentuer la chute des cours

Les bourses asiatiques emboîtent le pas. Si la Bourse de Tokyo perd 2,5 %, celle de Singapour s'effondre tandis que celle de Hong Kong perd 11 % dans la journée et doit être fermée pour la semaine. Les bourses d'Europe subissent le même sort. Paris perd 6 % dans la séance, Francfort 7 % et Londres 11 %.

Les tableaux suivants décrivent l'évolution des indices boursiers des principaux pays concernés depuis 1981 jusqu'à 1988, peu après le krach. En ordonnée se trouve la valeur de l'indice boursier.

New York

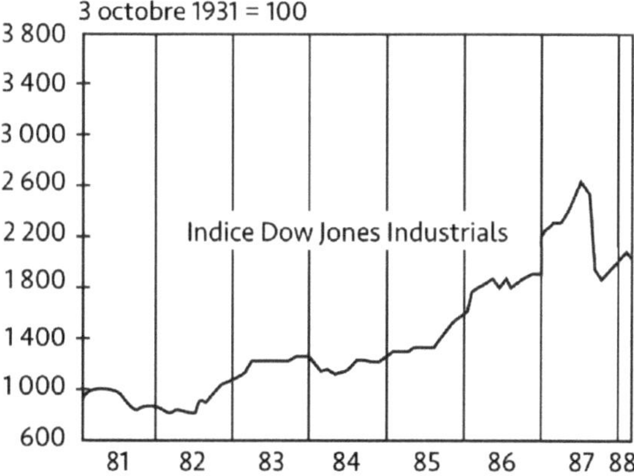

Tokyo

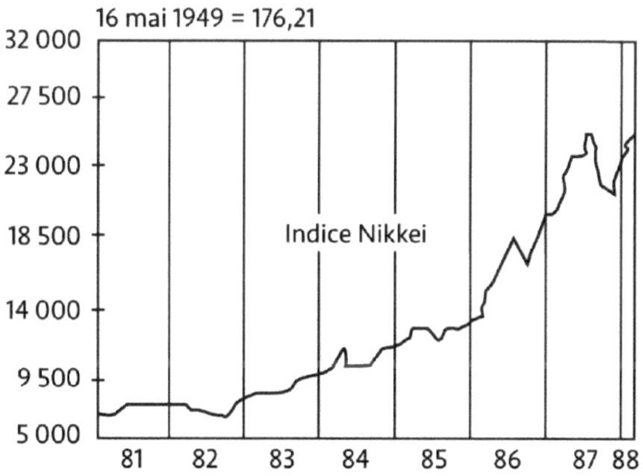

Paris

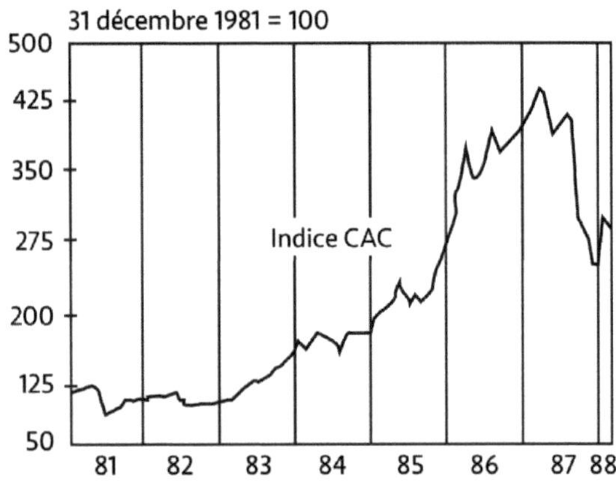

Francfort

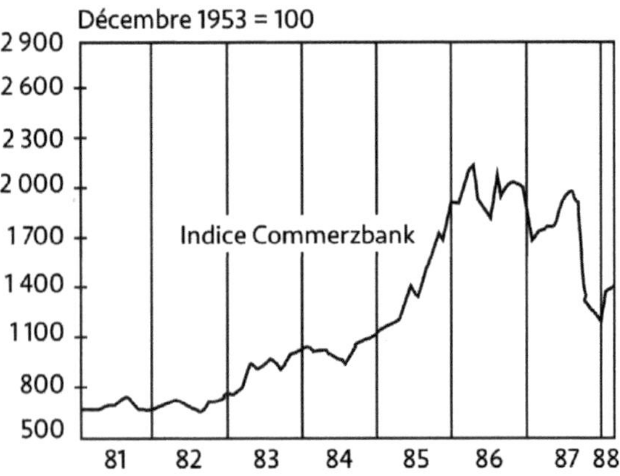

Londres

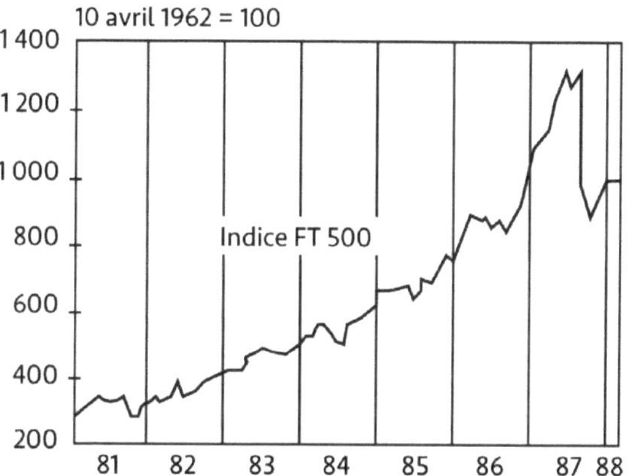

Le matin du lundi 19 octobre 1987, à l'ouverture de la Bourse de New York, tous les opérateurs sont inquiets. Un grand déséquilibre se manifeste entre le volume des ordres de vente et celui des achats. Aussi de nombreux spécialistes n'ouvrent-ils pas pendant la première heure, ce qui permet dans un premier temps un recul mesuré. Sur les 30 actions du Dow Jones, 11 n'ont pas encore été cotées.

En revanche, le marché à terme entame la cotation et s'effondre immédiatement. Un écart se crée entre la valeur des stocks et celle de leurs contrats à terme. Quand les actions sont finalement cotées, c'est pour se vendre considérablement en dessous des prix espérés. Les opérateurs achètent donc des contrats à terme pour se couvrir. La condition d'une grande confusion est là, et des volumes de ventes significatifs ont lieu. Après quelques minutes sont publiés les chiffres du déficit commercial américain, et c'est le signal de l'effondrement : le Lundi noir entre dans l'Histoire.

Une heure après le début de la séance, nous en sommes à 100 points de perte. Un vent de panique souffle sur le Dow Jones. L'effondrement des titres semble ne pas vouloir s'arrêter. Les autorités envisagent même une fermeture de la Bourse de New York. Le record du nombre de transactions perturbe et ralentit tous les systèmes. Les exécutions des ordres ont plus d'une heure de retard, et on ne sait plus s'ils ont été exécutés ou non. Une grande institution, pressentant l'effondrement des cours, vend par blocs d'imposantes masses de titres. Dès 10 heures du matin, elle effectue 13 cessions de grands blocs d'action pour 100 millions de dollars chacun et pour un total de 1,1 milliard de dollars pendant la journée. Beaucoup de spécialistes ont tenté d'acheter dès le matin, pour soutenir les cours des valeurs et ainsi contrer la crise. Mais les prix s'étant effondrés, ils ne purent poursuivre.

À la fin de la journée, c'est une chute de 22,6 % des valeurs boursières du Dow Jones qu'il faudra constater. L'indice, qui perdait déjà des points depuis le mercredi, s'est effondré, passant de 2 246 points à 1 738 points, ce qui signe une perte de 508 points. Ce jour-là, ce sont 1 000 milliards de dollars qui s'évaporent, lors de la négociation de 600 millions d'actions, ce qui n'était tout simplement jamais arrivé depuis la création de l'indice Dow Jones. Pour mémoire, lors du krach de 1929, la journée du lundi 28 octobre avait provoqué une chute de 13 % soit quasiment moitié moins que celle de 1987.

UNE INQUIÉTUDE JUSTIFIÉE

Alan Greenspan, le nouveau président de la FED depuis août 1987, fait état de son inquiétude le 19 octobre 1987 dans ses mémoires publiées en 2007, *Le temps des turbulences*. Ce matin-là, au vu du désastre, il hésite à annuler son voyage à Dallas (Texas). Il en est dissuadé par ses conseillers, de crainte que ce changement de programme ne surenchérisse sur l'inquiétude des opérateurs et ne rende la situation encore plus explosive.

La petite histoire raconte que, descendant de l'avion et s'enquérant le soir même de l'état de la bourse, on lui répond « cinq zéro huit », ce qu'il comprend sur le moment comme étant « 5,8 % ». Or c'est « 508 » qu'il fallait entendre, les 508 points perdus par l'indice Dow Jones !

DANS LE RESTE DU MONDE

Ce même jour, à l'ouverture des principales bourses mondiales, toutes sont en perte de vitesse : Sydney accuse une perte de 25 %, Tokyo 15 %, Londres 12 % et Paris 10 %.

Dans la capitale française, la liquidation d'octobre (c'est-à-dire le moment du dénouement de toutes les opérations entre acheteurs et vendeurs pour les règlements qui étaient différés à la fin du mois) connaîtra un solde négatif de 22 %.

La fermeture de la Bourse américaine le soir du 19 octobre marque la fin de ce Lundi noir, et permet à chacun de reprendre ses esprits après journée éprouvante. Le lendemain, avant l'ouverture du marché, la FED publie une déclaration de son président Alan Greenspan : « *The Federal Reserve, consistent with its responsibilities as the Nation's central bank, affirmed today its readiness to serve as a source of liquidity to support the economic and financial system* », ce qui signifie que « la Réserve fédérale, consciente de ses responsabilités en tant que banque centrale de la nation, déclare aujourd'hui être prête à assumer son rôle de source de liquidités pour aider le système économique et financier » (trad. de l'auteur).

Stimulée par cette manifestation de soutien, et malgré les baisses abruptes des marchés boursiers étrangers dans la nuit, la Bourse de New York se ressaisit dès l'ouverture. La situation reste cependant précaire et une partie des cotations d'actions reste fermée. Plus tard dans l'après-midi, un mouvement de hausse soutenue se fait jour, appuyé par les sociétés elles-mêmes pour maintenir la demande de leurs actions.

Il est clair que le vent de panique et le trouble qui ébranlèrent le marché, ainsi qu'un certain comportement « moutonnier » des opérateurs, sont des facteurs d'ordre psychologique qui ont eu une influence déterminante sur le déroulement de cette crise. Les cours des valeurs n'étaient, à ce point, plus très significatifs puisqu'un nombre important de valeurs n'avaient pas été ouvertes au début de la cotation et qu'il était vain de vouloir obtenir des informations fiables dans cet environnement très mouvant. Les rumeurs persistantes de fermeture du marché, même si cet événement n'est finalement pas intervenu, ainsi que des informations lacunaires n'ont fait qu'amplifier le phénomène. Certains, toujours opportunistes, ont cherché à liquider à tout prix leurs positions.

Au final, de nombreux opérateurs ont réalisé à la suite de la crise qu'ils réagissaient davantage aux fluctuations des prix et à leur instinct qu'à toute information pertinente.

RÉPERCUSSIONS

Au lendemain du Lundi noir, la politique déterminée et volontariste de soutien aux banques de la FED permettra que le désastre ne se propage pas plus avant, au contraire de la crise de 1929. Elle vaudra en outre à la Réserve fédérale le surnom de « prêteur du dernier recours ». Parallèlement, la FED achète des milliards de dollars de bons du trésor afin de faire baisser les taux d'intérêt. Le président Ronald Reagan s'engage aussi dans la bataille sur le plan politique, en promettant de travailler avec le parti démocrate pour réduire un déficit budgétaire astronomique.

Grâce à ces réactions rapides, malgré l'ampleur de la catastrophe, ce premier krach des temps modernes restera finalement sans incidence majeure sur l'activité économique.

En 1988, tirant les leçons de ces événements, le Congrès américain demande aux autorités de la Bourse de New York d'instituer des mécanismes de coupe-circuits qui permettent d'arrêter les négociations boursières dès lors qu'une baisse du marché dépasse les 10 %.

Des révisions technologiques devront également avoir lieu sur les programmes des ordinateurs dans leur approche des opérations boursières. Leur programmation, finalement encore peu aguerrie, a généré dans cette crise des ordres de vente de façon incontrôlée et massive. Le *computer trading*, même si on ne peut le rendre responsable de l'effondrement des cours dans la crise, joue tout de même un rôle important en générant de façon systématique et massive des ordres de « stop » et en cédant systématiquement les participations en portefeuille. Il est nécessaire de tenir compte de cet aspect des faits, même si les marchés financiers qui ne sont pas informatisés ont été aussi atteints.

La suite des événements montrera la validité des décisions rapides et déterminées des autorités du monde financier, sous l'impulsion de Greenspan et de la FED, car la crise est résorbée un mois après son irruption brutale,

et les marchés peuvent continuer à se déve-
lopper. Nous retiendrons les leçons apprises
et retenues lors de cette crise de 1987 :

- la première est qu'il est nécessaire que
  des intervenants réputés agissent publi-
  quement pour la défense et le soutien du
  marché ;
- la seconde est de dynamiser la liquidité du
  marché financier. La baisse du taux d'intérêt
  de la Réserve fédérale a ainsi permis de
  soutenir les liquidités du système bancaire,
  l'institution ayant rendu immédiatement
  plus souples les règles concernant l'octroi
  des prêts ;
- en outre, la FED a aussi encouragé les intervenants opérationnels du marché, en particulier par l'octroi des prêts aux courtiers,
  afin qu'ils puissent continuer à travailler
  sans trop de difficultés avec leurs clients.

Ces quelques efforts ont grandement contri-
bué à la convalescence du marché durement
atteint dans les semaines qui ont suivi la crise.

N'oublions pas cependant les pertes astronomiques subies lors de ce krach ainsi que le licenciement de 15 000 personnes dans un secteur industriel sinistré. La banque américaine LF Rothschild ne se relèvera pas non plus de cette crise. Spécialiste de l'ingénierie financière, elle intervenait dans toutes les introductions en bourse des firmes de nouvelle technologie : elle est déclarée en faillite en 1989. Pourtant, globalement et au regard de l'énormité des pertes subies, l'économie réelle est peu impactée, et la croissance du marché américain sera encore soutenue pendant deux ans.

EN RÉSUMÉ

- La crise du Lundi noir de 1987 éclate de façon foudroyante et inattendue, mais fait suite à l'incapacité des opérateurs mondiaux, lors des accords du Louvre qui se sont tenus à Paris en 1987, à juguler de façon durable la baisse continue du dollar et à stabiliser la situation des changes.
- En effet, si la réunion du Plaza en 1985 a permis aux principaux opérateurs mondiaux de s'entendre, et d'atteindre leurs objectifs de stabilisation des valeurs relatives des devises, les accords du Louvre à Paris en 1987 destinés à stabiliser la situation des changes et enrayer la baisse continue du dollar, ont été impuissants à juguler la crise en gestation.
- Même s'ils ne sont pas directement responsables de l'ampleur de la crise, les programmes informatiques de gestion des transactions, dépourvus de garde-fous, n'ont fait qu'empirer la situation, d'autant

que des masses d'ordres ont été retardés sur de longues périodes, laissant les opérateurs dans l'incertitude.

- Bien qu'à posteriori, des éléments d'explication convaincants soient avancés, l'apparition de la crise a été soudaine et inattendue et a jeté de ce fait un vent de panique sur toutes les bourses mondiales. Lors du Lundi noir, les autorités ont même envisagé une fermeture de la Bourse de New York.

- Renonçant à obtenir des informations fiables, de nombreux opérateurs réagirent davantage aux mouvements des prix qu'à toute information réfléchie. Les comportements moutonniers en l'absence de toute visibilité créèrent un vent de panique irrationnel, aggravant la situation et la rendant incontrôlable.

- L'indice Dow Jones s'est effondré de 2 246 points à 1 738 points, chutant ainsi de 22,6 %. Dans cette seule journée du 19 octobre 1987, on a vu 1 000 milliards de dollars s'évaporer lorsque 600 millions d'actions se sont négociées.

- Toutes les bourses mondiales ont subi

le contrecoup de cet effondrement. Les Bourses de Tokyo et de Singapour se sont effondrées, tandis que celle de Hong Kong a dû être fermée pour la semaine. Les bourses d'Europe ont connu le même sort, perdant entre 6 % et 11 % dans la séance.

- La Réserve fédérale, dès le lendemain de la crise, a agi de façon vigoureuse et déterminée avant l'ouverture de la Bourse, en permettant immédiatement et sans condition aux établissements bancaires de se refinancer auprès d'elle.
- Finalement, malgré les craintes, les conséquences de la crise pour les entreprises ont été somme toute rapidement résorbées, et l'économie réelle a été peu affectée. Comme si cela avait été un incident de parcours, le marché américain a continué de croître.

Votre avis nous intéresse !
Laissez un commentaire sur le site
de votre librairie en ligne et partagez vos coups
de cœur sur les réseaux sociaux !

POUR ALLER PLUS LOIN

SOURCES BIBLIOGRAPHIQUES

- BATHELOT (Bertrand), « Pircing », in *Définitions Marketing*, novembre 2015, consulté le 20 juin 2017. https://www.definitions-marketing.com/definition/pricing/

- « Bulle spéculative », in *Comparabourse.fr*, consulté le 1er juin 2017. http://www.comparabourse.fr/lexique/bulle-speculative.php

- CARLSON (Mark), « A Brief History of the 1987 Stock Market Crash with a Discussion of the Federal Reserve Response », in *Finance and Economics Discussion Series. Divisions of Research & Statistics and Monetary Affairs*, Washington D.C., Federal Reserve Board, 2007. https://www.federalreserve.gov/pubs/feds/2007/200713/200713abs.html

- SIGOGNE (Philippe) dir., « Le krach : avertissement sans frais », in *Observations et diagnostics économiques. Revue de l'OFCE*, n° 23, 1988, p. 5-104. http://www.persee.fr/doc/ofce_0751-6614_1988_num_23_1_1133

SOURCES COMPLÉMENTAIRES

- « Histoire des krachs boursiers », in *Le Huffington Post*, avril 2009, consulté le 20 juin 2017. http://archives-lepost.huffing-tonpost.fr/article/2009/04/23/1507752_his-toire-de-krachs-boursiers-quelles-conse-quences-sur-l-economie-reelle.html

- « Le krach boursier de 1987 », in *FB Bourse.com*, avril 2012, consulté le 20 juin 2017. http://www.fb-bourse.com/krach-boursier-1987/

- Victoroff (David), « Le lundi noir de 1987 », in *Valeurs Actuelles*, juillet 2010, consulté le 20 juin 2017. http://www.valeursactuelles.com/economie/2-le-lundi-noir-de-1987-27358

50MINUTES.fr

Art & Littérature

Business & Economics

Histoire & Société

Santé & Bien-être

SOYEZ LÀ
OÙ ON NE VOUS ATTEND PAS !

www.50minutes.fr

Éditeur responsable : Lemaitre Publishing
Avenue de la Couronne 159 | BE-1050 Bruxelles
info@lemaitre-editions.com

ISBN ebook : 978-2-8062-9998-7
ISBN papier : 978-2-8062-9999-4
Dépôt légal : D/2017/12603/411
Photo de couverture : © Elise Vanhecke

Conception numérique : Primento,
le partenaire numérique des éditeurs.